RUTH

OU

PIÉTÉ FILIALE RÉCOMPENSÉE,

PAR

M. J.-B.-E. DÉRAINE.

ARRAS,

Typographie LE MALE, rue des Rapporteurs, 6.

—

1859.

RUTH

OU

PIÉTÉ FILIALE RÉCOMPENSÉE,

PAR

M. J.-B.-E. DÉRAINE.

ARRAS,

Typographie LE MALE, rue des Rapporteurs, 6.

—

1859.

RUTH

ou

PIÉTÉ FILIALE RÉCOMPENSÉE.

NOÉMI.

Grand Dieu, que tes coups sont terribles ! ... Que vais-je devenir, maintenant que ma consolation, mon soutien m'est ravi ? ... Elimélech, où es-tu ? Pourquoi m'as tu laissée seule au moment où mes années réclamaient ton appui ? Ah ! viens, viens me chercher du fond du séjour que tu habites : ta présence sera un baume qui guérira mes chagrins ! Mes chers enfants, pourquoi, vous aussi, avez-vous délaissé vos vertueuses compagnes au printemps de leurs jours ? .... Que le sort m'est cruel ! qu'elles vont se trouver malheureuses !

ORPHA.

J'étais occupée à prier Dieu, lorsque des plaintes sont venues frapper mes oreilles ; j'ai accouru et mes yeux vous rencontrent, ma chère mère, tout éplorée, tout abattue, toute souffrante. Que souffrez-vous ? dites-le à votre fille ; peut-elle vous être de quelque secours ? Je vais en informer Ruth.

NOÉMI.

Le Ciel m'est témoin que je suis innocente et pure aux yeux de Dieu ; j'ai toujours fait la volonté de mon cher Elimélech ; nous adorions notre Dieu réunis autour de nos enfants : nous étions heureux, et voici que la vie m'est à charge ? ... Non, je ne peux plus supporter la vie ; elle a pour moi autant de laideur qu'elle avait de charmes. Mon Dieu ! venez vite me fermer les yeux et que je sois réunie à ceux que j'aime.

RUTH.

Ma mère, quel est donc le sujet de vos pleurs ? Orpha, toute pâle et toute hors d'haleine, me cherche depuis un quart d'heure ; je ne pensais pas qu'il pût vous arriver quelque chose.

NOÉMI.

Mes enfants, je ne peux plus tenir à la vie ; mais, puisque la volonté du Seigneur a été de m'affliger avec vous, en nous enlevant ce que nous avions de plus cher au monde, je vais du moins chercher à m'évertuer, à me confier dans les soins de la Providence, à la bénir : Je vais retourner à Bethléem. Là, je retrouverai mes habitudes d'enfance, mes vieux amis qui pensent encore à moi. Ces lieux pourront peut-être me faire supporter la vie, puisque Dieu le veut ; tandis qu'ici je ne vois que des lieux sombres, qui me rappellent à chaque instant mon malheur et me disent que je suis délaissée.

ORPHA ET RUTR.

Oh ! non, ma mère, vous ne partirez pas.

ORPHA.

Vous voici déjà sur l'âge ; à peine pourrez-vous supporter les fatigues du voyage ; et quand vous serez arrivée, vous vous verrez seule, sans aucune consolation que celle de vos douleurs. Non, ma mère, je vous en conjure, ne nous abandonnez pas ; chassez loin de vous ces lugubres pensées ; elles ne peuvent être suscitées par l'esprit du Seigneur.

NOÉMI.

Vous êtes jeunes ; vous pourrez facilement trouver ici de quoi fournir à votre subsistance. Ces lieux d'ailleurs sont les lieux de vos pères, les lieux de votre enfance : tout vous attache à ces lieux. Restez donc où vous appelle la voix de la Providence. Je la prierai pour vous tous les jours, jusqu'à ce que nous soyons réunies là-haut dans la société de ceux que nous pleurons !

ORPHA.

Ne vous affligez pas, ô trop bonne mère ; vous resterez avec nous ; nous partagerons le pain que nous gagnerons ; nous consolerons vos vieux jours, et quand votre heure suprême sera venue, nous vous fermerons les yeux nous-mêmes ; la tendresse que nous vous aurons prodiguée, nous rendra plus agréables à Dieu, et nous n'aurons pas la douleur de penser que, dans un pays lointain, il peut vous manquer d'aliments et de soins.

NOÉMI.

Votre amitié me touche, ma fille ; je ne puis résister à tant de bontés. Je serais heureuse avec vous, oh ! oui, je n'en doute pas ; mais quand le tableau de notre perte commune se présente à mon esprit, mes yeux ne peuvent consentir à voir plus longtemps des lieux de douleur. Encore une fois, restez ici ; vous serez heureuses, et moi je reverrai le foyer de mes pères, où j'espère terminer le peu de jours qui me restent à passer sur cette terre.

ORPHA.

Hé ! bien, puisqu'il en est ainsi, nous partirons toutes trois ; la tendresse de vos soins a placé sur notre cœur une reconnaissance qu'il nous est impossible de ne pas conserver jusqu'à la mort. Non, nous ne vous exposerons pas à rester seule, abandonnée. Nous vous précéderons dans ce rude chemin ; si vos forces vous abandonnent, nous vous porterons sur nos épaules ; nous vous apporterons ce qui pourrait vous soulager ; nous vous suivrons des yeux, comme la mère, son jeune enfant, que l'inexpérience retient encore auprès d'elle.

NOÉMI.

Non, non, ma fille, restez ici; vos jours sont pleins de jeunesse, et ce serait les exposer que de venir habiter une terre au climat de laquelle vous n'êtes pas accoutumée. Vous ne pourriez y résister, et je ne pourrais survivre à votre perte, si le sort venait une fois de plus me frapper dans ce que j'ai de plus cher. Sortons, mes enfants; nous ferons les préparatifs de mon voyage, et je vous donnerai ma bénédiction.

RUTH (seule).

Me voici donc bientôt seule sur la terre, seule avec moi-même, seule avec mes tristes pensées, seule avec mon Dieu ! ... Que la mort est bizarre ! ... Cruelle, oui c'est toi qui nous soumets à ces terribles épreuves; c'est toi qui minais sourdement la vie de mon cher époux, et qui viens de le ravir à notre amour ! Et tu n'es pas encore rassasiée des deux victimes les plus chéries du Ciel; tu vas, continuant tes ravages, m'exposer aussi à tomber sous tes coups, dans un pays inconnu, sans asile, sans parents et sans rien. Cruelle ! frappe, frappe-moi dès cet instant; ne te plais pas davantage à me faire souffrir des tourments inouis; oui, emporte-moi aussi avec ceux que j'aimais ! Mère pauvre, qui vas traîner ta misère de bourgade en bourgade, puisses-tu, comme moi, finir ici ta triste vie, et l'astre de la nuit éclairer le tombeau qui doit nous réunir ! .... Jeunes gens, dont l'âme est sourde à la voix qui s'élève du fond des tombeaux, si le tonnerre de la mort ne peut ébranler votre oreille insensible, souvenez-vous de Ruth et ne vous reposez point sur votre jeunesse : la mort frappe au hasard. Restez fermes à votre poste, toujours fournis des vertus de votre âge ; car seules vos vertus survivront.

NOÉMI.

Adieu, ma fille, je pars pour Bethléem. Soyez toujours docile aux volontés du bon Dieu ; c'est lui qui nous afflige, mais il sait mieux que nous ce qu'il nous faut. Il nous récompensera de nos tribulations, et le jour n'est pas éloigné peut-être où il nous réunira tous dans la société d'Abraham, d'Isaac et de Jacob. Adieu, ma fille ; adieu, ma chère Ruth, adieu ! (Elle va pour l'embrasser, mais Ruth tombe sans connaissance.)

RUTH.

Je ne puis consentir à votre départ sans mourir de douleur à vos pieds ! Souffrez, ma chère mère, que je ne vous abondonne jamais ! Votre départ est réfléchi, je ne pu y mettre obstacle ; hé ! bien, laissez-moi vous accompagner : Je ne vous abandonnerai pas ! Si le voyage a des périls et des dangers, nous les partagerons et ils s aplaniront par la pensée que Dieu conduit nos pas ; si

vous souffrez de misère et de faim, ma présence affer-
mira votre vieillesse dans une sainte résignation ; et
quand, tout près du port, nous découvrirons le lieu de
nos fatigues, je vous nourrirai du travail de mes mains,
je vous verrai ainsi en sûreté auprès de moi. Le peuple
qui vous recevra, sera mon peuple, et si des usages et des
mœurs contraires aux nôtres me donnent jamais la pensée
de regretter le pays des Moabites, ma souffrance se chan-
gera en joie quand je vous apercevrai à mes côtés. Le
Dieu que nous servons, est le vrai Dieu, le Dieu de
Moïse ; il sera toujours votre Dieu, il sera toujours mon
Dieu. Et enfin si les circonstances nous forcent à un
autre exil, je serai votre guide fidèle, jusqn'à ce que je
dépose moi-même vos cendres dans un lieu sûr ! ... Ma
mère, différez un instant, je ne puis vivre sans vous
(elles sortent.)

ABISAÏ.

Il n'y a qu'un instant j'entendais partir de ces lieux des
lamentations, des gémissements, et sans nombre, au
point que je ne pus continuer mon travail sans me payer
de ma curiosité, et voici que je trouve en arrivant des
visages de bois.....

Je ne sais ce qu'il y a ; mais au reste il ne faut pas
que je m'en fasse de peine ; quand le diable montrerait
ses cornes, il n' faudrait pas encore s'en faire mourir.
J' vais toujours m'asseoir, je verrai bien c' qui se
passe....

Mais, morbleu, personne ne vient. Est-ce qu'ils se mettraient dans la tête, par exemple, de mourir d' chagrin d'avoir perdu leurs maris ? Ah bien, moi je n' suis pas si doucereux que ça. Bah ! si on voulait toujours penser à ceux qu'on a perdus, on viendrait fou : il faut vraiment que les femmes ça soit peu de chose. J'en connais qui ont le cœur doux comme un morceau de beurre quand is' lèvent le matin, et quand is' couchent, leur mauvaise humeur leur a fait mériter plus de trente coups de bâton. Ah ! si j'étais maître ici, elles auraient bientôt vu que j' connais le caractère des femmes.

ORPHA.

Ah ! bonjour, voisin.

ABISAÏ.

Bonjour, ma voisine. Il paraît que les choses ne se passent pas dans l'ordre, dans ce pays-ci. Qu'y a-t-il donc qui vous empêche de dormir et d' laisser les autres en repos ? La nuit dernière je me suis pris d'une si violente colère, parce que vos cris m'empêchaient de goûter un sommeil dont j'avais bien besoin, que, je vous en assure, j'ai failli venir vous mettre toutes à la raison.

ORPHA.

Vous ignorez donc le deuil qui existe ici ? Noémi et Ruth partent pour Bethléem ; je vais rester seule ici, sans argent, sans parents, sans consolation.

ABISAÏ.

Et puis c'est ça qu'est la cause que je ne dors plus?
Ah ! ben, ma voisine, de par Moïse, je vous donne ma
parole que si je suis obsédé pareillement la nuit pro-
chaine, j' vous apprendrai à vivre.

ORPHA.

Vous êtes bien cruel, voisin ; on voit bien que vous
ne connaissez pas le malheur !

ABISAÏ.

Voisine, voyez-vous, il faut prendre le temps comme
il arrive, sans s' faire de bile. D'ailleurs, je vous l'ai dit
vous avez l'esprit un peu faible, permettez que je vous
le répéte, et si vous n' mettez pas tout ça sous l' pied,
je vois le moment où nous serons obligés de vous assi-
gner une place au désert. (il sort.)

ORPHA.

Voici qu'elles viennent me faire leurs adieux ; je ne
puis les soutenir : si elles pouvaient ne pas me voir !
                    (Noémi et Ruth entrent et se mettent
à genoux sur les tombeaux de ceux qu'elles pleurent.)

NOÉMI.

Dieu du ciel, qui protéges le voyageur, j'implore ton
assistance sur deux créatures délaissées qui se disposent
à traverser des régions inconnues, au péril de leurs

jours ! Toi seul deviens leur unique refuge, leur seul soutien ; nous laisserais-tu opprimer ou manquer de qeulque chose ? Non, non, Dieu bon et puissant, toi qui donnes la nourriture aux oiseaux du ciel, toi qui prends soin de la veuve et de l'orphelin, il ne sera point dit que tu n'as pas daigné prendre part à nos peines ! ... Mais avant que ta bonté seconde nos efforts, permets en ce moment que nous portions les sentiments les plus élevés de nos cœurs au haut de ton trône céleste, pour ceux qui nous ont délaissés ici-bas. O Dieu, dis-leur que leurs épouses chéries sont dans les larmes et qu'elles ne les oublieront jamais ! Non, mânes chéris qui fîtes notre espoir, nos cœurs seront sans cesse tournés vers vous ; nous vous promettons de vous rester unies à jamais ! Et si là-bas l'infortune nous fournissait des pensées de dé-sespoir, oh ! alors hâtez-vous d'implorer pour nous celui que nous aimons, le Dieu des affligés ! Adieu, restes chers à nos cœurs ; nous ne vous quittons qu'avec de vifs regrets ! ... Malheureuse fatalité, où donc est ta victoire ?

ABISAÏ.

Mais je crois que le diable s'en mêle. J'ai visité tous les appartements, le jardin, le bûcher et toute la bou-tique en général, et je n'ai pas tant seulement vu leur ombre .... Il faut qu'elles soient parties, il n'est pas possible de conjecturer autre chose. Et elles ne sont pas venues me faire leurs adieux? Voilà ce que c'est que la douleur, n'est-ce pas? Elle fait même oublier des devoirs essentiels. Après tout, ce qui vient de se passer nous montre la mort frappant dans tous les rangs, et n'ayant égard ni au rang ni aux conditions ni anx fortunes. D'autre part la générosité de Ruth envers Noémi doit faire pleurer de douleur les jeunes gens qui, loin de soulager leurs parents, leur occasionnent par leur inconduite tous les maux et tous les chagrins dont leurs vieux jours sont remplis. (On entend des soupirs.) A coup sûr ce sont des revenants.

IIe PARTIE.

NOÉMI.

Elle est partie, cette pauvre enfant, avant que le soleil parût à l'horizon ; elle est partie pour moi, pour me procurer de quoi vivre. Quel bon cœur elle a !... Sa bonté filiale ne sera-t-elle donc pas récompensée ?

RUTH (avec des gerbes de blé).

Je reviens épuisée de fatigue. La chaleur est accablante, mais la journée m'est favorable aujourd'hui ; j'ai rencontré le champ d'un homme riche, qui demanda à ses moissonneurs qui j'étais, et, sur leur réponse, il leur ordonna de laisser tomber exprès des épis, afin que j'eusse plus de facilité d'en ramasser.

NOÉMI.

Vous ne connaissez pas cet homme ? Il est de votre intérêt, ma fille, de connaître son nom. Malgré vos fatigues, je vous engage à retourner dans ce champ, afin que vous soyez plus à même d'être bien renseignée.

RUTH.

Je vole où vos désirs m'appellent.

NOÉMI.

Quel serait donc ce riche dont la bonté se trouve caractérisée à un si haut degré ? Laisser tomber exprès

des épis et donner à cette enfant tout pouvoir de les
ramasser, cela dénote certainement un grand cœur, une
grande vertu. Hélas ! si de telles âmes ne se trouvaient
pas à distance pour soulager la misère, que deviendrions-
nous ? ... Mais je connais quelques personnes de ma
famille qui étaient riches à mon départ ; il est bien possible que ce soit l'une d'elles. Si du moins nous trouvions
dans ses largesses quelque adoucissement à nos maux !

BOOZ.

N'est-ce pas ici que demeurent deux femmes veuves,
dont le mari de la plus âgée s'appelait Elimélech, et qui
est mort, il y a peu de temps, dans le pays des
Moabites ?

NOÉMI.

Soyez le bien venu, vous dites la vérité.

BOOZ.

J'ai ouï dire que, votre mari étant mort, et vos deux
garçons, que vous avez emmenés avec vous, étant de-
venus aussi à mourir, laissant veuves leurs épouses,
vous avez pris le parti de revenir dans votre pays. L'une
de vos belles-filles vous étant si fort attachée, n'a pu
mieux faire que de vous suivre. Ce bruit, qui est maintenant répandu dans Bethléem, est-il bien exact ?

NOÉMI.

Sa bonté et sa tendresse l'ont ainsi voulu.

BOOZ.

La vertu de votre belle-fille, est aussi, dit-on, très-
éprouvée, et c'est sa seule vertu qui l'aurait déterminée
à vous suivre partout, renonçant ainsi à tous les avan-
tages qui pouvaient lui être offerts.

NOÉMI.

Il est très-vrai ; et depuis notre arrivée ici, car nous
n'avons pas de fortune, elle s'occupe à ramasser aux
champs les épis qui échappent aux moissonneurs, et
cela pour nous procurer à toutes deux un morceau de
pain. Vous le voyez, me voici déjà sur l'âge, et seule elle
peut me garantir du besoin. Après tout, respectable
visiteur, j'ai pleinement foi en Dieu, et je ne pense pas
qu'il puisse jamais oublier deux créatures qui lui ren-
dent chaque jour leurs hommages. Ma confiance est
tout entière en sa miséricorde : A-t-il jamais manqué à
ses enfants ?

BOOZ.

Votre foi vous a sauvée. Je suis aise d'apprendre de
votre bouche la vertu de Ruth, sa constance à vous
suivre dans un pays étranger, et je veux l'en récompenser. Je suis Booz, que vous avez oublié sans doute,
ce même Booz, qui gouvernait autrefois dans Maspha les
tribus d'Israël, et qui tient du sang de votre mari Elimélech. Comme la loi me l'ordonne, et toujours docile

aux volontés du Seigneur, voulant d'ailleurs récompenser les sacrifices de Ruth, je lui offre ma main, qui lui apporte en même temps tout le bien-être qu'elle peut désirer. Je vous fais mon interprète auprès d'elle et je vous engage ma parole à l'avance. Je vais sortir, je reviendrai dans peu pour nous entendre sur le cérémonial de cette union. Adieu.

NOÉMI.

Adieu........ Est-il possible qu'un cœur aussi généreux doive être l'instrument de notre bonheur ? Oh ! oui, sans doute, c'est Dieu qui nous l'envoie : que son saint nom soit béni !

RUTH.

Selon le rapport des moissonneurs, le bon cœur qu'ils servent, a nom Booz. Il est puissamment riche, très-dévoué au Seigneur et en même temps parent d'Elimélech.

NOÉMI.

Je sais, ma fille. Il vient d'entrer ici en inconnu pendant votre absence, et il demande votre main. Cette union ne peut être qu'agréable à Dieu et nous sauver des coups de la misère. Chantons-en un cantique d'actions de grâces au Seigneur, et remercions-le de ses bontés infinies.

RUTH.

Des flots de mon bonheur mon âme surabonde ;
Chantez, ma voix, chantez ; bénissez le Seigneur ;
Libérale, sur moi s'ouvre sa main féconde,
    Et voilà qu'il m'inonde
De bénédictions dont déborde mon cœur.

Oh ! qui me donnera la parole des Anges,
L'élan des chérubins et leurs hymnes d'amour,
Afin que nuit et jour, de nos terrestres fanges,
    Mes concerts de louanges
Montent, dignes de lui, jusqu'au divin séjour !

    J'étais la veuve désolée,
    Que la faim chassait du pays,
    Glanant aux champs de la vallée
    De rares épis de maïs.
    Mais Dieu veut, aussitôt foisonne
    Le froment doré qu'on moissonne
    Et qu'on répand sur mon chemin.
    Je n'ai qu'à me baisser sur l'herbe
    Pour ramasser et voir ma gerbe
    Se presser et remplir ma main.

    Béni soit-il, ce Dieu qui donne
    La becquée aux petits oiseaux,
    A la faim, le pain de l'aumône,
    A la soif, l'onde des ruisseaux !

Béni soit-il de l'espérance
Qu'il accorde aux jours de souffrance
Et qui soutient dans le malheur ;
Béni soit-il des jours de fête
Qu'il fait succéder aux tempêtes,
Avec l'oubli de la douleur.

A la mère errante, à la fille
Qui pour s'abriter n'avaient pas
Même la tente de l'asile
Où pussent s'arrêter leurs pas,
Il offre de riches domaines,
Des étables, des granges pleines,
Des biens à n'épuiser jamais ;
Et dans l'opulente demeure
La servante de tout-à-l'heure
Sera maîtresse désormais.

Des flots de mon bonheur mon âme surabonde ;
Chantez, ma voix, chantez, bénissez le Seigneur ;
Libérale sur moi s'ouvre sa main féconde
Et voilà qu'il m'inonde
De bénédictions dont déborde mon cœur.

Terre, Ciel, du Très-Haut redites la puissance,
Exaltez sa grandeur, exaltez sa bonté ;
Et qu'en accents d'amour et de réjouissance,
Votre reconnaissance
Bénisse avec transport sa sainte volonté.

Dites dans quel trésor suprême
Chaque jour vont puiser ses mains ;
Enumérez les dons qu'il sème,
Sans se lasser, sur les humains.
Dites quand tariront les sources
Et les immuables ressources
De cette libéralité ;
De sa grandeur dites le terme
Et quel cercle étendu renferme
Sa magnifique immensité.

Dites dans les profonds voiles
Qui se déroulent sur la nuit,
Combien étincellent d'étoiles ;
Dites le doigt qui les conduit.
Dites la limite où commence
La courbe de la route immense
Que poursuit le flambeau du jour,
Et les flots ardents de lumière
Que depuis l'aurore première
Il a déversé dans son tour.

Dites quel océan de vie
Circule au sein de l'Univers,
Et le souffle qui vivifie
L'infini des êtres divers.
Dites l'innombrable famille

Qui court, vole, nage, fourmille
Et partout végète ici-bas ;
Dites un seul point de l'espace
Où son regard jamais ne passe,
Où ses bienfaits n'arrivent pas.

Terre, Ciel, du Très-Haut redites la puissance,
Exaltez sa grandeur, exaltez sa bonté ;
Et qu'en accents d'amour et de réjouissance,
Notre reconnaissance
Bénisse avec transport sa sainte volonté.

Des flots de mon bonheur mon âme surabonde ;
Chantez, ma voix, chantez, bénissez le Seigneur ;
Libérale sur moi s'ouvre sa main féconde
Et voilà qu'il m'inonde
De bénédictions dont déborde mon cœur.

NOÉMI.

Jeunes gens qui vous faites un jeu des plaisirs plus ou moins coupables de votre âge, n'avez-vous pas senti en vous quelque chose d'extraordinaire en entendant la vertu de Ruth ? Votre âme n'a-t-elle pas frissonné, quand vous avez rapproché votre conduite de la sienne ? Puissiez-vous, comme cette vertueuse fille, attendre de Dieu l'avenir que vous cherchez ! Ce Dieu n'a jamais fait défaut à la vertu, mais il a laissé à elle-même l'âme qui se-

jette dans le tourbillon des joies de ce monde ; il sem-
ble encore lui dire : Cherche ce que tu désires ; appuie-
toi sur le concours de tes amis ; emploie tous les moyens
pour arriver à tes fins, mais ne compte pas qu'au jour
du besoin, je te tendrai une main secourable ; car tu as
cru pouvoir tout par toi-même, sans mon secours ; hé !
bien, renferme-toi maintenant dans les bornes de ton
impuissance, et que ton exemple apprenne aux autres
que je suis le Dieu qui dirige les âmes dans les sentiers
fortunés du bonheur. Soyez donc digne, jeunesse chré-
tienne, de mériter la protection de ce Dieu, qui, par
un acte de sa seule volonté, peut faire en un clin d'œil
changer la face du monde ; qui répand avec profusion
des trésors de grâces sur la jeunesse qui lui consacre
son innocence, mais qui tient toujours prêts des foudres
vengeurs pour ceux dont la dissolution des mœurs a
présidé à toutes les actions de leur vie. Que votre conduite enfin soit celle de Ruth, qui résume deux belles
vertus : l'attachement à ses parents et la pureté du
cœur, dans lesquels elle trouve la récompense que sa
confiance au Seigneur lui a méritée.